LES SOCIÉTÉS SECRÈTES,

JUGÉES

PAR WASHINGTON

ET LE CONGRÈS DES ÉTATS-UNIS.

***

Extrait du Journal de paris.

***

AU BUREAU DU JOURNAL DE PARIS, RUE D'ALGER, N° 8,

ET CHEZ TOUS LES MARCHANDS DE NOUVEAUTÉS.

—

1834.

LES SOCIÉTÉS SECRÈTES

Jugées

PAR WASHINGTON

ET LE CONGRÈS DES ÉTATS-UNIS.

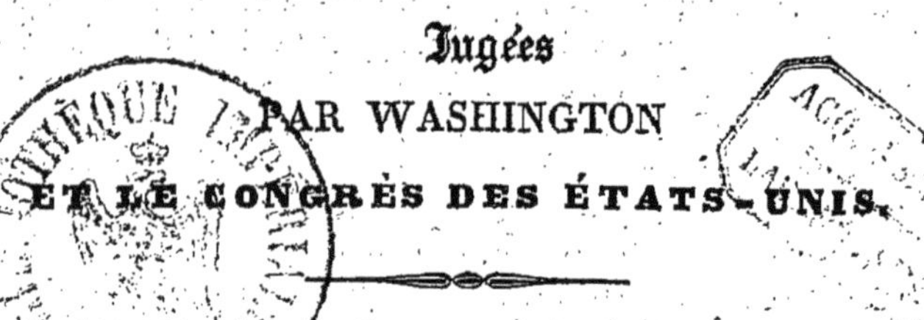

Extrait du Journal de Paris.

Ce n'est plus avec des argumens tirés de notre législation et de la nature même de notre gouvernement, que nous voulons juger les sociétés secrètes. Puisque les républicains proclament, en vertu de leurs principes, le droit illimité d'association, voyons comment ce droit a été reconnu dans une république qu'on cite tous les jours comme le plus parfait modèle des gouvernemens humains. Demandons à l'illustre fondateur de l'indépendance américaine ce qu'il pensait des sociétés secrètes. Les débats du Congrès de 1794, dont nous allons reproduire les principaux incidens, serviront de réponse aux absurdes et violentes déclamations de la presse républicaine.

Ici, des députés, liés par un serment monarchique, avouent hautement leur affiliation à une société dont le but est le renversement du gouvernement; et, sur le sol américain, dans une république, les représentans du peuple censurent avec une impitoyable sévérité les clubs révolutionnaires. Le président responsable et temporaire de l'Union proclame l'incompatibilité radicale des sociétés secrètes et de tout gouvernement régulier !

Laissons parler l'histoire :

CONGRÈS DES ÉTATS-UNIS D'AMÉRIQUE.

Session de 1794. Chambre des représentans.

SÉANCE DU 19 NOVEMBRE.

Cette séance est consacrée uniquement à la lecture du discours du président Washington qui, relativement aux troubles intérieurs, s'exprime ainsi :

« Dans le cours de la session 1790, il fut nécessaire d'user de la faculté accordée par la constitution au corps législatif d'imposer et de lever des *excises*. On entendit à peine dans la majorité des Etats-Unis une plainte contre ce mode de taxes. Dans les quatre comtés placés sur la frontière occidentale de la Pensylvanie, des hommes constamment occupés à faire triompher leurs passions aux dépens de la raison et de la volonté de leurs concitoyens, parvinrent, à force de menées, à nourrir et à envenimer des préventions qui amenèrent parfois des désordres et des violences. On sait si le Congrès hésita à examiner les plaintes qui lui parvinrent, et à y faire droit, autant que la justice distributive pouvait le permettre. L'effet de cette modération fut loin d'être tel qu'on avait droit de l'espérer. Les manœuvres employées pour propager l'erreur ne se bornèrent plus aux intrigues isolées de quelques têtes ambitieuses; l'indulgence qu'on mit à poursuivre les délits, ou plutôt l'impunité qu'on leur accorda fut regardée comme un signe de crainte et d'impuissance de la part de l'administration. Des associations paraissent sur la scène et commencent par faire entendre des menaces contre les magistrats chargés de l'exécution des lois; persuadées, sans doute, que des plaintes concertées entraveraient plus facilement l'action des magistrats, des *sociétés sans titres* prirent bientôt le ton de la censure. De là une résolution bien formée, dans quelques comtés de l'état de Pensylvanie, de se soustraire à la loi de l'*excise* lorsque le reste de l'état s'y conformerait. Dès lors, il fut facile de voir que l'indulgence et la modération avaient manqué le but, et que persister plus long-temps dans ce système de conduite, ce serait accréditer l'opinion que le gouvernement était faible et irrésolu.

Ici le président entre dans le détail des actes de violence commis contre les autorités chargées de l'exécution de la loi, et il continue ainsi :

« Ces faits étant avérés, un juge de la cour suprême des États-Unis me notifia que « dans les comtés de Washington et Alle-
» gany, dans les états de Pensylvanie, les lois des États-Unis trou-
» vaient de l'opposition, et que leur *exécution était entravée par*
» *des coalitions trop puissantes pour pouvoir être réprimées par*
» *le cours ordinaire de procès légaux* ou par l'autorité confiée au
» marshal de ce district. » Sur cette notification d'une extrême importance, je pesai avec attention les moyens à employer pour faire exécuter la loi; des actes criminels qui menaçaient l'organisation sociale étaient commis sans opposition; *les amis du gouvernement étaient insultés, livrés à l'ignominie, forcés au silence*, ou entraînés dans une apparente complicité. Céder au délire et à la rage d'une aussi petite portion révoltée du peuple des États-Unis, était anéantir le principe vital de notre acte constitutionnel, qui déclare qu'*en tout la majorité prévaudra*.......
Je différai cependant de faire marcher les milices (gardes nationales) je me contentai de les requérir d'être prêtes à obéir au premier signal. »

SÉANCE DU 29 NOVEMBRE.

La chambre se forme en comité général sur le discours du président, un membre propose et le comité arrête « que l'avis
» du comité est qu'une *adresse respectueuse* doit être présentée
» au président des États-Unis, en réponse à son discours de la
» veille, avec l'assurance que la chambre des représentans pren

» dra très-sérieusement en considération les importans objets
» indiqués dans son discours.»

MM. Madisson, Scott et Sedgurich sont nommés pour former
le comité qui rédigera l'adresse.

SÉANCE DU 21.

M. Madisson présente, au nom du comité, un projet d'a-
dresse. L'impression en est décrétée. La discussion est ajournée
au lundi 24.

SÉANCE DU 24.

La chambre se forme en comité général sur le projet d'adresse
respectueuse présenté par le comité spécial, en réponse au discours du président. Le secrétaire en fait lecture.

M. Fitsimons propose l'addition suivante au projet du comité : « Nous devons énoncer notre réprobation de la conduite
de certaines *sociétés sans titres*, qui, en peignant sous de fausses
couleurs les mesures du gouvernement, ont empêché l'action
des lois et trompé les esprits ignorans ou faibles. Ces associations,
quoiqu'elles ne soient pas strictement illégales, n'en sont pas
moins funestes au bon ordre et aux vrais principes de la liberté.»

Avant de poursuivre l'analyse des débats qui ont suivi cette
proposition, nous devons faire observer qu'il est passé en usage
dans les rapports du congrès avec le président des États-Unis
que le congrès répète en substance ou littéralement les points
principaux du discours d'ouverture. Le rédacteur du projet de
réponse, M. Madisson, avait passé sous silence quelques points
intéressans, et entre autres celui dont il s'agit dans cette discussion. M. Fitsimons propose de le rétablir et de fortifier encore
le droit de censure que possède le président sur les sociétés
sans titres. Tel est le motif de la discussion suivante :

M. Gilles s'oppose à l'amendement, et s'attache à prouver que
la chambre dans son adresse n'a pas le droit de censurer les sociétés secrètes, dont l'existence n'est pas illégale. Cette doctrine
est ensuite combattue par M. Smith, qui pense que si les principes posés par M. Gilles étaient admis, la chambre ne pourrait
jamais émettre son opinion que sous la forme d'une loi. Il re-
marque dans le discours du président divers passages où les sociétés secrètes sont mentionnées ; il demande à la chambre s'il
n'est pas de son devoir d'émettre les mêmes opinions si elles les
professent véritablement. Qui peut douter, dit-il, que l'état des
choses ne soit tel que le président l'annonce ? Qui ignore que la
conduite de ces sociétés *ait constamment tendu à égarer les hommes peu éclairés, à répandre l'opinion que le gouvernement est
tyrannique, et qu'on doit le combattre à main armée ?*

« Soutiendra-t-on, ajoute-t-il, que ces sociétés tendent à la
propagation de la vérité, lorsque dans les actes nombreux du
gouvernement, elles n'ont rien trouvé de digne de leur approbation ? elles ont constamment censuré ; s'il en est ainsi, leur
conduite n'a-t-elle pas la tendance dont on l'accuse? Si cette

tendance existe, pourquoi ne pas le déclarer ? Le silence sur ce point serait un aveu indirect que le président s'est compromis.

» Si nous faisons attention à la réponse du sénat; à la réplique qu'y a faite le président, nous ne pouvons douter du sens du discours auquel il s'agit de répondre. Le fait est qu'une insurrection qui, sans la sagesse du président et le patriotisme des citoyens, aurait culbuté le gouvernement vient d'éclater. Si la chambre croit que c'est en semant l'erreur et le soupçon dans les esprits que cette insurrection a été fomentée, pourquoi ne le dirait-elle pas ?»

M. Macdowel pense qu'il est inutile de provoquer des mesures contre les sociétés démocratiques; si elles troublent l'ordre, les lois suffisent pour les punir, et l'opinion publique en fait justice.

MM. Tracy et Dayton appuient l'amendement par des considérations d'ordre public. «Tout le monde, dit M. Dayton, sait que les sociétés démocratiques ont eu les plus dangereux effets dans les pays occidentaux; des officiers de l'armée l'annoncent ouvertement dans leurs lettres; on dit que les sociétés, en cas de censure, récrimineront; on a même insinué que leurs récriminations iraient jusqu'au président; leur censure ne saurait affecter ce grand citoyen, il pourrait tout au plus en être honoré.» L'orateur veut qu'on considère les différens pouvoirs comme des sentinelles chargées de veiller à la liberté du peuple et au maintien du bon ordre. «Le président, qui occupe l'avant-poste, vous dit que dans son opinion des *sociétés sans titres* ont presque mis l'état en danger. Si vous avez la même croyance, vous ne pouvez garder le silence sans le comble de l'avilissement. »

M. Nicholas s'oppose à la prise en considération de l'amendement; il conteste aussi à la chambre le pouvoir de s'immiscer dans ce genre de censure. «Pour moi, ajoute-t-il, j'ai sur ces sociétés une opinion entièrement indépendante de ma position de législateur. Je n'ai jamais eu la moindre relation avec elles ni avec aucun individu qui, à ma connaissance, en fasse partie. Si je pouvais sortir de mon indifférence à leur égard, *ce serait pour leur vouer le plus profond mépris.* Ce sont des avocats qui déshonorent la cause dont ils se proclament les défenseurs, et si j'avais le pouvoir de le faire sans violer le principe, je les supprimerais entièrement; mais, abstraction faite de ces sentimens, que je puis avoir comme individu, je sens que comme législateur je ne puis me mêler de ces sociétés: laissez-les dépérir d'elles-mêmes. Elles ne produisent aucune espèce de bien dans l'état, leur profonde inutilité suffira pour les réduire à leur juste valeur.

Après avoir entendu de nouveau MM. Dayton et Nicholas, qui persistent dans leur opinion, la chambre s'ajourne au lendemain.

SÉANCE DU 25.

M. Murray soutient l'amendement; son discours produit une

5

vive sensation. On en jugera par cette courte citation qui le ré-
sume et le termine :

« Vos *invisibles* ont aussi leurs tortures et leurs poisons. La
presse est pour eux une roue sur laquelle ils étendent constamment le gouvernement, et le gouvernement aurait succombé,
cette fois, sous leurs atroces exécutions, sans le patriotisme des
citoyens. Ils lancent leurs poisons jusqu'au delà des montagnes.
Croyez-vous que ceux qui manient ces doubles poignards, s'ils
n'ont pas mérité la corde, ne soient pas dignes au moins de voir
expirer publiquement leurs funestes doctrines sur le gibet de
l'infamie ? Ces sociétés sont une éruption dangereuse sur le
corps politique américain. »

M. Christie répond à M. Murray, qui se lève de nouveau et
insiste sur l'adoption de l'amendement.

La chambre entend ensuite contre la proposition, MM. Rutherford, Venable, Gilles et Nicholas; et pour la proposition,
M. Deyter et M. Sedgewich, dont nous donnons la péroraison.
« Tout le monde sait qu'avant la naissance de ces sociétés, le
malaise qu'avait produit l'*excise* avait en grande partie disparu,
mais bientôt elles vociférèrent d'un bout du continent à l'autre,
que *le peuple était esclave*. La vérité n'aurait-elle pas exigé
qu'elles signalassent au peuple le bien comme le mal? Point du
tout, elles ont constamment trouvé à déchirer et à médire. Elles
n'ont eu d'yeux que pour les fautes légères, et les ont fermés sur
ce qui méritait des éloges. Voilà ce que ces sociétés ont fait; or,
je le demande à la chambre : à qui devons-nous de la confiance et des égards? Est-ce à ces sociétés ou à l'homme qui possède l'affection d'une nation entière ? Enfin la question est
de savoir si nous soutiendrons les *sociétés* ou la constitution de
l'état. »

SÉANCE DU 26.

MM. Dayton et Rutherford prennent de nouveau la parole
pour et contre l'amendement de M. Fitsimons. M. Gilles résumé
la discussion, il s'attache à combattre tous les argumens qu'on a
fait valoir en faveur de la proposition qu'il appelle une censure,
et persiste à penser que les lois existantes sont suffisantes pour
contenir les *sociétés secrètes*. « La censure qu'on nous propose
de prononcer, dit-il, tend en substance, si je ne me trompe,
à jeter les fondemens d'un système de dénonciation dont les
effets me font frémir. Voilà quel est à mon avis la conséquence
de la proposition ; j'y vois une copie littérale du système qui a
régné en France. J'en vois le commencement, et j'en puis déjà
calculer les suites.

» En France, la dénonciation agit d'abord hors du corps législatif sur certaines sociétés sans titres ou certains individus. Mais
bientôt, après avoir produit au-dehors les catastrophes les plus
sanglantes, elle attaqua la *Convention* elle-même, et vint se lo-
ger dans son sein. Quel homme peut nous prédire où s'arrête-
ront les effets ordinaires de ce sytème. Vous oubliez, Messieurs,

6

ce qui se passe sous vos yeux, avec cette interminable série de dénonciations; vous oubliez qu'elles ont immortalisé le fatal instrument de Guillotin, qui ne travailla d'abord que dans des intentions humaines; vous oubliez enfin que le *grand procréateur de la dénonciation, Robespierre* (1), a été lui-même dévoré par le monstre....»

MM. Boudinot, Sedgewich et Scott sont ensuite entendus pour la proposition; nous nous abstenons d'analyser leurs discours, puisque les considérations qu'ils font valoir ont été déjà développées par les orateurs précédens; mais une brillante improvisation de M. Ames en faveur de l'amendement, mérite une attention plus particulière.

M. Ames a la parole. Son avis est que tous les orateurs du même côté que M. Gilles se sont attachés à combattre des assertions qui n'ont point été émises, à défendre des principes qui n'ont été contestés par personne; et il est convaincu que si l'on déduisait de tout ce qui a été dit contre l'amendement ce qui retombe dans cette catégorie, il ne resterait pas une phrase à réfuter.

L'orateur, après avoir rétabli l'état de la question, s'écrie : « Si l'on voulait examiner de plus près cette prétendue utilité des clubs pour la conservation des principes politiques, on observerait leur composition ordinaire; on se demanderait si les membres en sont généralement instruits ou aveuglément passionnés; si leurs meneurs ordinaires sont des têtes nourries de principes et de connaissances ou d'une profonde ambition; on demanderait si l'on délibère à huis-clos dans ces sociétés, si l'admission n'est pas un mystère, et si ceux qui ont des vérités utiles à répandre doivent éviter le grand jour? Si l'on passait aux faits, on verrait si ces sociétés, pour leur coup d'essai, ont répandu les lumières et les principes parmi nous, ou bien si, comme le dit le président, elles ont disséminé autour du gouvernement la haine, le soupçon et les accusations; si enfin elles n'ont pas provoqué l'insulte aux lois et la révolte contre l'autorité souveraine...

«Si nous écoutons les hommes qui appartiennent à ces sociétés, ils paraissent affublés de noms imposans, au premier abord; ils se donnent tantôt pour les *sentinelles*, tantôt pour les *défenseurs de la liberté*; ils sont les républicains par excellence, ils tiennent au gouvernement populaire, affichent pour les principes un respect bien plus grand que celui que leur portent les représentans. C'est le fond de ces prétentions, Messieurs, que je recherche, c'est la doctrine de ces hommes et ses effets ordinaires que je vais développer, et vous prononcerez bientôt s'ils sont, comme ils le disent, les amis ou bien les ennemis les plus redoutables du peuple et de ses institutions. »

---

(1) Le symbole posthume.

L'orateur démontre l'état de perturbation qui résulterait de la création de nouveaux clubs en vertu de la prétendue légalité de leur existence... « Mais l'horizon, avec des élémens aussi hétérogènes, ne demeure pas long-temps serein. Le tourbillon des factions intestines, les vents de l'influence étrangère, auront bientôt dispersé dans les airs ces lambeaux de sociétés pitoyables, comme les feuillages desséchés de l'automne. Tournez les yeux sur la Grèce, si fameuse par ses talens et plus encore par sa misère; voyez ses petites républiques transformées en repaires de *bêtes féroces*, et sa *liberté* peinte en divinité par les poètes, représentée en cannibale par l'histoire. »

Ici l'orateur, que nous ne pouvons suivre dans toutes ses éloquentes inspirations, établit qu'un gouvernement représentatif, en exigeant un sacrifice d'un petit nombre de nos droits, nous en garantit seul la majeure partie; c'est donc le seul mode de gouvernement sous lequel un grand peuple puisse espérer de conserver quelqu'indépendance. En reconnaissant cette vérité, il examine si les clubs augmentent ces droits et en doublent la garantie; il prouve qu'ils font précisément le contraire. Il insiste sur la nécessité de combattre sans relâche le vice et l'ignorance. « Celui qui ne connaît pas exactement ses droits, ne peut être bon citoyen, il les confondra avec des crimes; et les hommes licencieux et turbulens, pour lesquels l'égalité des lois est un joug pesant, seront toujours occupés à manœuvrer pour s'y soustraire, ou à s'armer pour les combattre.

» Il suit de ces principes que tout gouvernement qui garantit les propriétés et protége les vertus, aura toujours le vice et la prodigalité pour adversaires; il en sera toujours abhorré. Et comment en serait-il autrement? Chargé de protéger l'indépendance des citoyens contre ces deux monstres prêts à l'envahir, il doit nécessairement mettre des bornes à la liberté des individus pour conserver celle de l'état. Les hommes vertueux et les hommes éclairés s'attachent à un gouvernement qui ne sympatise pas moins avec leurs goûts qu'avec leurs droits; mais les hommes licencieux et perdus de mœurs sont, à tous momens, préparés au désordre; ils sont toujours prêts à attaquer un système bien ordonné qui les comprime et *leur refuse tout*, pour s'ouvrir la carrière de la subversion qui *leur promet tout*. Au milieu de la combustion, les dissensions civiles, l'ambition, le délire du pouvoir, se combinent et s'emparent d'une grande influence. Ils recrutent des milliers de bras pour leurs vastes plans dans la classe crédule, ignorante, timide, et parmi leurs pareils en corruption. L'artifice et la ruse enlacent les premiers, la sympathie des caractères précipite les autres dans leur tourbillon.

» Remarquez que ces coalitions redoutables et monstrueuses naîtront toujours avec plus d'audace sous un gouvernement libre, en raison de la liberté qu'il leur accorde; elles chercheront toujours plus hardiment à l'assassiner; sous un gouvernement despotique, tous ces crimes rentrent dans le néant et la terreur, et là où il n'y a point de liberté, on ne trouve jamais ces funestes abus. Suivons leurs progrès : on se forme en corporations; aussitôt, un esprit de corps prend la place de l'esprit de citoyens; on court, sans honte comme sans réflexion, aux erreurs et aux excès; les échecs ne font que fortifier le système, et rendre les attaques plus acharnées; les succès ne les satisfont point; et leur carrière recule à chaque instant ses bornes. Un de leurs leviers les plus puissans, c'est la calomnie; là où ils ne peuvent dominer, ils jettent la honte et la défaveur; là où leurs poignards ne peuvent atteindre, ils soufflent des soupçons empoisonnés; et des rumeurs vagues, des mensonges odieux leur forment, sur tous les points, autant de défenseurs aveugles qu'ils ont d'ennemis éclairés à combattre. Les voilà formidables : ils infligent bientôt aux magistrats la terreur que les magistrats lesr inspirent en exécutant les lois. Celles-ci oscillent dans l'état, et ne suivent plus leur cours uniforme. Qui voudrait les soutenir, quand on s'assure la proscription en les faisant exécuter? Il faut donc que le gouvernement redouble d'énergie : la douceur, la confiance du magistrat dans le citoyen, qui faisaient que les lois s'exécutaient presque d'elles-mêmes, disparaissent et font place à la terreur : la législation se jette dans le moule de la sévérité, et ne s'exécute plus que par une force additionnelle. Les *sociétés* et d'autres rassemblemens turbulens forment un milieu résistant dans lequel le gouvernement ne peut se mouvoir qu'avec plus de puissance ; et cette puissance doit lui être déléguée pour sauver l'état.

» Remarquez, messieurs, d'où nous sommes partis. Nous créons des associations, dont le but prétendu est de garantir les droits et de maintenir l'indépendance, et voilà que nous voyons se doubler le poids du gouvernement, c'est-à-dire, la liberté du citoyen d'autant plus s'amoindrir. Poursuivons. Les hommes turbulens réunis en associations exigent plus de pouvoir pour être comprimés que s'ils demeuraient dans l'isolement. Il s'élève de temps à autre des explosions préparées par une fermentation sourde, et ces explosions détruisent toutes les formes régulières du gouvernement, et bientôt enfin celui-ci pèse plus de son petit doigt sur l'état qu'il ne le faisait auparavant de tout son bras. Cela n'arrivera pas, dira-t-on, parce que les clubs s'y opposeront. On se trompe : la lutte une fois engagée entre les clubs et le gouvernement, il n'y a plus ni paix ni ordre à espérer. Le conflit continuel de deux corps organisés, quoique inégalement puissans, produit des chocs qui doivent alternativement porter l'administration vers l'anarchie ou l'extrême rigueur. Si les clubs triomphent, le gouvernement tombe entre leurs mains; alors le gouvernement sera d'autant plus tyrannique, qu'ils l'auront obtenu par une victoire sur les pouvoirs constitutionnels.

» Sous tous les points de vue, les sociétés qui luttent contre le gouvernement ou l'avilissent, sont donc exécrables. Non-seulement elles le poussent à la tyrannie, mais elles le précipitent encore à la corruption. En prostituant la vérité, en faisant circuler partout la jalousie et l'intrigue, elles ont bientôt forcé les législateurs à s'étayer de nouveaux appuis. Les clubs usurpateurs entretiennent des intelligences dans le sein même du corps législatif, où ils ont leurs affidés, et ceux-ci, au moyen des autres savent faire réussir leurs projets. Le pouvoir des clubs domine, et celui des citoyens dépérit dans la même proportion. Les clubs répètent avec triomphe le langage de ceux qui les protégent. On n'est plus citoyen, on est clubiste. La vérité, la vertu, le patriotisme, ne sont plus que des talismans utiles, qu'on produit aux momens d'élection seulement pour intriguer et séduire. On persécute l'homme qui ne tient qu'à ses devoirs, on arrache à la vertu l'éloge qu'elle mérite, et on ne le prodigue plus qu'aux instrumens d'un parti. Ainsi, messieurs, en faisant l'abandon des devoirs dont les citoyens le chargèrent, un homme parmi nous pourra espérer de s'adjoindre des corporations puissantes et ennemies du gouvernement; et celui qui y demeurera fidèle n'aura en partage que la persécution. Ce dernier n'a plus ni protections ni consolations chez une nation qu'on sera parvenu à dépraver au point de lui faire croire que la vertu dans les places est un songe, et que, si elle s'y trouve, elle est une folie. La confiance, qui est la seule récompense et le seul encouragement du magistrat, est elle-même empoisonnée; enfin la calomnie altère le titre des actions, et celles-ci n'ont plus de valeur.

» Ces observations, que la connaissance du cœur humain et le calcul des passions érigent au moins en théories plausibles, n'ont malheureusement que trop la sanction de -l'histoire pour elles. Nul état, tant sage qu'il ait été, n'a été exempt de ces malheurs. En Grèce, les assassins de réputation étaient aussi communs que parmi nous. Tant que la calomnie n'a de foi que parmi ses auteurs, on les méprise facilement tous deux ; mais quand les calomnies ont acquis du crédit dans la nation, il n'y a personne qui soit assez effronté pour les mépriser; celui qui prétend le faire, est un hypocrite ou un homme dégradé.

» C'est une opinion qui a quelque apparence de justesse, que de s'imaginer qu'un gouvernement qui n'est pas défectueux verra peu d'animosités se diriger contre lui. Ces assertions n'attestent ni raisonnement ni expérience. *L'égalité devant la loi*, messieurs, est précisément ce qui révolte les *tyranneaux* qui veulent plus d'influence que les autres citoyens. Quand la vertu et le mérite seuls conduisent aux places, les ambitieux et les hommes tarés désespèrent de parvenir par des routes qu'ils ne pratiquèrent jamais. Plus le gouvernement sera pur et libre, plus cette espèce d'hommes qui y est tolérée, mais surveillée, surgira contre lui. Ce furent là de tout temps les ennemis les plus redoutables des états. Leurs fraudes formeront d'abord un noyau de tous les rebus de la société, de tous ceux que ronge la lèpre de l'infamie, de tous les hommes enfin qui sont atteints de la contagion de toutes les turpitudes, et ces hommes auront l'audace de prêcher la pureté des principes et la réforme. Ces hommes s'attrouperont dans les ténèbres ; là, ils liront leurs formulaires impies où le nom de la *liberté* se prostitue ; là, ils manipuleront leurs poisons, ils aiguiseront leurs poignards, ils prononceront leurs blasphêmes affreux ; et bientôt, s'échappant de leurs repaires, ils viendront faire entendre dans ces tribunes leurs cris forcenés ; peut-être même leurs cohortes liberticides oseront-elles venir, armées de canon, assiéger ces murs, et consommer dans ce sanctuaire de la représentation nationale leurs sacriléges fureurs.

» On me demandera quels remèdes je veux appliquer à ces maux ; je réponds : Nul remède violent. Mais l'hypocrisie des clubs doit être courageusement démasquée, et sans toucher ni aux propriétés ni aux individus, l'œil du mépris public les précipitera dans le néant. »

M. Ames énonce quelques faits à l'appui de son opinion. « Les jésuites furent un club dangereux pour l'Europe et furent chassés. Les jacobins de France ont pu contribuer à renverser la monarchie, mais ils veulent continuer à détruire le nouveau gouvernement, et nous voyons que leurs portes sont fermées par Legendre. Si on veut aussi détruire notre gouvernement actuel, il n'y a qu'à laisser subsister les clubs : il aura bientôt disparu. Mais comme le peuple veut le conserver, il ne donnera sûrement point son patronage à ses ennemis. »

Ici M. Ames énumère les actes audacieux et dégoûtans des clubs : de Vermont, qui se répand en calomnies contre le ministre Genet ; de Pittsburg, qui organise l'insurrection, et frappe de proscription les citoyens qui se soumettront aux lois ; de Kentukey, qui exécute en effigie M. Jay, envoyé du gouvernement près la Grande-Bretagne ; de Charleston, qui (voir le *Moniteur* français d'octobre 1793) sollicite l'affiliation aux jacobins de Paris ; de Virginie, qui déclare la guerre, et refuse de payer les taxes. Puis il ajoute : « Faut-il présenter des faits à ceux qui se rappellent encore l'état alarmant où était cette ville même le printemps dernier ? A-t-on oublié ses résolutions et celles du club de New-York ? L'outrage et l'audace peuvent-ils aller plus loin ? Dès le mois d'avril dernier, les clubs occidentaux vouaient à l'infamie le congrès et le président. Le premier était voué à l'intrigue, à l'agiotage. On articula enfin, messieurs, et vous l'avez oublié : on prononça qu'il *fallait introduire pour un temps la guillotine française, à l'effet de purger le gouvernement des hommes impurs qui le déshonorent !* (1) »

» Voilà cependant les calomnies qui ont égaré les malheureux occidentaux, ils les ont cru vraies ; ils agissaient au moins avec conséquence, ils pouvaient croire que c'était servir Dieu et son pays que de nétoyer cette étable infecte. Non, Messieurs, l'in-

---

(1) Singulière abolition de la peine de mort.

surrection ne vient point de leur prétendue oppression ; leur pays est florissant, l'insurrection a été soufflée par l'intrigue et la perversité. »

M. Ames donne ensuite le détail des calomnies que les clubs n'ont pas craint d'accréditer contre le président et le congrès. « Peut-on croire à présent, ajoute-t-il, que lorsque des calomnies aussi noires ont gagné du crédit parmi les citoyens ; lorsqu'à force de mensonges, on les a habitués à ne plus voir dans leurs représentans et leurs magistrats que des voleurs et des hommes corrompus, que l'insurrection ne soit pas l'œuvre de ceux qui ne se sont attachés qu'à donner du cours à toutes ces faussetés ? Quand l'effervescence des passions a produit la guerre civile, les incendiaires qui ont spéculé sur ces passions comme sur les plus méprisables des instrumens, peuvent-ils être regardés comme innocens des explosions qu'elles ont produites ?

» La vérité est qu'en vertu de ces déclarations mensongères le citoyen égaré comptait que les milices refuseraient de marcher pour comprimer la rébellion. S'il eût imaginé que nos citoyens donneraient la preuve de patriotisme dont nous avons été témoins, aurait-il, le malheureux, poussé le délire jusqu'à lever l'étendard de la révolte ? Non, sans doute ; mais les sociétés secrètes publiaient *que les chefs étaient des tyrans que tous les citoyens abhorraient, et qui ne tarderaient pas à être renversés...* Je vous supplie de méditer sur ce qu'eût été l'effet du refus de marcher de la part de nos concitoyens. La liberté de l'Amérique, l'espoir du monde, Messieurs, ne serait plus qu'un monceau de ruines. »

Ici M. Ames argumente contre les adversaires de l'amendement, et insiste sur la nécessité de voter cet amendement : « Ce vote, dit-il, agira doucement sur ceux qui en sont l'objet ; il éveillera l'attention du peuple sur les institutions qui l'entourent, et j'espère que ses conclusions seront à peu près ce que j'ai prouvé par la théorie et les faits, que les sociétés *sans titre sont propres à détruire tout gouvernement libre*, qu'elles altéreront bien certainement la paix et l'harmonie sociales ; enfin qu'elles tendent à corrompre les magistrats et à dépraver la morale publique.

» Qu'on n'accuse pas l'amendement de flatter le président ; le président n'a pas besoin pour lui personnellement de nos éloges. Le dernier service signalé qu'il a rendu à son pays est déjà recueilli par la fidèle histoire, et il n'est ni dans notre pouvoir, ni dans celui des clubs, d'attaquer ce tribut d'hommages dont il goûte déjà les prémices.

» La question est de savoir si nous soutiendrons ou non notre premier magistrat ; notre vote n'est pas pour l'homme, il s'adresse au président. Laisserez-vous supposer à un seul séditieux que votre coopération ne réponde point aux vigoureux efforts que ce magistrat a faits pour réprimer l'anarchie ? Est-il politique, est-il prudent de laisser un exemple qui, opérant sur un de vos présidens futurs, le fera hésiter peut-être un jour entre son devoir et votre censure ; il différera , temporisera , descendra à des compositions entre la loi et la révolte , et peut-être laissera s'allumer une guerre civile pour n'avoir pas étouffé à temps de légères étincelles. Enfin s'il est dangereux pour la liberté, s'il est contre le droit, la justice et la vérité de prononcer le vote contenu dans l'amendement, le président et le sénat sont coupables de toutes ces transgressions (1).

 M. Ames termine son discours en faisant observer qu'il est possible qu'il ait commis quelques omissions ou quelques inexactitudes; il attend, dans ces deux cas, de la candeur de ses collègues qu'ils veuillent bien les lui indiquer, afin qu'il les relève et les explique. La chambre lève la séance, sous l'influence de la profonde émotion produite par le discours de M. Ames, et la renvoie au lendemain.

SÉANCE DU 27.

La chambre reprend la discussion du paragraphe de l'adresse relatif aux *sociétés secrètes*.

 M. Rutherford supplie la chambre de laisser ces sociétés tranquilles. MM. Baldewin et Madisson, sans vouloir justifier les actes dangereux des *sociétés sans titre*, sans nier même le mal qu'elles produisent, désirent ne pas voir la chambre user d'un pouvoir censorial. M. Dexter répète les argumens déjà présentés par les auteurs de l'amendement; puis il ajoute :

« Les sociétés se chargent, disent-elles, de répandre les lumières politiques; elles auraient dit vrai, si elles avaient dit qu'elles s'attachent à les déguiser. Je désirerais bien que nous nous appliquassions à déjouer leurs intrigues et les jalousies qu'elles propagent, en faisant nous-mêmes circuler l'instruction. Mais, voyez où nous allons : si l'amendement est rejeté, on dira que la chambre soutient les clubs, et cependant *tout le monde ici les abhorre*. La liberté civile existe plus par ce qu'elle défend que par ce qu'elle permet, et on veut nier ce principe ! Quant au préopinant qui croit que la chambre puisse ne pas ajouter une confiance entière aux faits avancés par le président... » (Ici M. Madisson se lève et déclare avoir dit seulement qu'on pouvait, en matière d'opinion, différer du président.) M. Dexter continue : « Ces faits sont palpables, et on semble en demander la preuve ! Mais, celui qui, ayant vu partir un fusil, et l'homme couché en joue tomber sous la balle, demanderait si c'est la balle qui a tué l'homme, celui-là, dis-je, ne ressemblerait pas mal à ceux qui, après avoir entendu les sociétés démocratiques, et vu l'insurrection, demandent qu'on prouve que celle-ci a été produite par les premières. »

 M. Nicholas monte de nouveau à la tribune, et persiste à voter contre l'amendement; il ne présente, du reste, aucune considération nouvelle. M. Montgommery essaie de réfuter la

____

(1) En châtiant la révolte.

proposition, et finit par demander la question préalable, qui n'est pas adoptée.

Au moment où le président se prépare à mettre l'amendement aux voix, M. Carnes se lève et développe de nouveau cette pensée déjà traitée par de précédens orateurs, que le président de l'Union n'a pas besoin d'être chatouillé par un paragraphe à tournure flatteuse.

M. Smith (de la Caroline) combat M. Carnes, mais ne présente aucun argument nouveau. Toutefois il prouve, par un fait qu'il cite, que la chambre peut voter de simples opinions, puisque vers le milieu de 1793, *elle vota à une majorité de 35 (contre 16) sur 51, une opinion contre la constitution française* (1), et ceux mêmes qui alors soutinrent cette mesure, sont ceux qui s'opposent aujourd'hui à une mesure semblable.

M. Gilles (2) : « Je veux prouver que l'inconséquence est du côté de M. Smith. *J'étais, en effet, un des 35 qui votèrent contre cette constitution;* mais il s'agissait seulement d'une réponse polie à une lettre honnête qui nous était adressée. Nous savions que là où nous ne pouvions agir comme législateurs, nous pouvions émettre un vote de simple opinion. Au surplus, je dois déclarer à la chambre qu'en ce moment je suis instruit que dans l'armée de l'ouest, on ne parle que *d'anéantir les sociétés démocratiques!* Où cela finira-t-il ? »

M. Smith réplique : « Je votai, moi, contre la réponse à faire à la république française, parce que j'avais la conviction que sa constitution ne pouvait durer : l'événement n'a pas tardé à justifier mon opinion, puisqu'en France la *constitution est déclarée incompatible avec la liberté.* Je n'ai jamais entendu voter contre notre droit, mais je m'opposais à l'application de ce droit dans l'espèce. »

Après quelques observations sans importance qui terminent la discussion générale, le président remet la séance au lendemain.

SÉANCE DU 28.

Plusieurs rédactions nouvelles sont proposées pour l'amendement. Celle de M. Nicholas, sous-amendée par M. Tracy, a la priorité ; elle est ainsi conçue :

« Nous apprenons, avec le plus grand regret, que des mensonges répandus contre le gouvernement et ses mesures, par » des individus, ou des rassemblemens d'individus, aient pu » gagner du crédit et aient fomenté l'outrage violent qui a été » commis envers nos lois. »

MM. Macdowell, Milhouse, Baldwin, Dayton, Ames sont entendus de nouveau sur la nécessité qu'il y aurait de renvoyer cette rédaction à la commission ; enfin, après les observations

---

(1) Constitution du 24 juin 1793, précédée de la déclaration des Droits de l'Homme.

(2) Membre de l'opposition.

14

de plusieurs membres, entre autres de MM. Murray, Goodhuc, Nicholas et Tracy, il est bien compris que par *rassemblemens d'individus*, la chambre entend désigner les *sociétés démocratiques*; l'amendement est voté à la presqu'unanimité des suffrages.

La chambre nomme une commission pour présenter l'adresse au président, et préalablement aller prendre son heure. Ce comité, bientôt de retour, annonce que le lendemain, à midi, le président recevra l'adresse de la chambre.

SÉANCE DU 29.

L'adresse de la chambre est portée au président par la *chambre tout entière*, qui se rend chez lui. Le président de l'assemblée s'exprime ainsi :

« Monsieur,

« La chambre des représentans, en songeant au bonheur don jouit la patrie, et surtout à celui qu'elle a de vivre sous une constitution qui repose immédiatement et exclusivement sur la volonté nationale, n'a pu entendre sans partager les émotions exprimées dans votre discours, qu'une partie de nos concitoyens s'était montrée coupable d'une insurrection. Nous apprenons avec le plus grand regret que des mensonges répandus contre le gouvernement et ses mesures, par des individus ou par des rassemblemens d'individus, ont pu gagner du crédit, et ont fomenté l'outrage violent qui a été commis envers nos lois.

» Nous partageons la douleur que vous témoignez de voir cet événement honteux déparer nos annales. Comme hommes, l'amour de nos semblables nous prescrit de déplorer une crise qui eût pu allumer les torches de la guerre civile ; comme citoyens, comme amis de l'ordre, nous devons sentir vivement l'outrage qui lui a été fait.

» Ce n'est pas cependant sous ce point de vue seul que cette crise peut être considérée ; elle présente un autre aspect, et celui-ci console des réflexions douloureuses que son contraire inspire. Elle a fourni une preuve irréfragable, à l'univers et à l'Amérique elle-même, de l'attachement de la grande masse de la nation, sur tous les points des Etats-Unis, à ce principe vital de la constitution, QUE LA MAJORITÉ EN TOUT FASSE LA LOI. Elle prouve que la nation entière saisit parfaitement le lien nécessaire qui réunit un gouvernement régulier à la liberté et les rend inséparables ; qu'elle connaît *ses devoirs* en même temps qu'elle est jalouse de *ses droits*, et qu'en tout temps elle écrasera l'anarchie avec la même vigueur que celle avec laquelle elle a su terrasser le despotisme... etc.

Le président a répondu :

« Messieurs ,

« Je m'étais promis d'avance que la chambre des représentans partagerait les regrets qu'a produits l'insurrection. Il était essentiel d'employer tous les moyens pour déjouer tout ce qui a pu contribuer à la fomenter et en prévenir ainsi le retour. En effet, quelle que soit la consolation que l'heureuse issue de cet événement désastreux puisse inspirer, il est bien préférable de repousser et de combattre l'artifice qui veut ramener graduellement un pareil état de choses, et cela en tenant sur leurs gardes le patriotisme et la vigilance de nos concitoyens par des avis convenables, plutôt que d'attendre que le mal parvienne à un tel degré de violence, que rien ne puisse le guérir que la force des armes.

» Je me sens heureux d'avoir mérité, par mes mesures, dans cette circonstance, l'approbation de votre chambre, pour avoir rempli mes devoirs constitutionnels. Je suis suffisamment récompensé lorsque vous m'assurez que vous vous réunirez à mo pour achever ce qui nous reste à faire. »

La discussion qui précède suffit pour faire apprécier l'opinion du président de l'Union et de la chambre des représentans sur les sociétés secrètes. Afin de compléter ce compte-rendu si curieux, nous allons transcrire l'adresse du sénat en réponse au message de Washington, et la réponse du président. Ainsi la question des clubs aura été traitée par Washington, le sénat, la chambre des représentans, la milice et l'armée. Voilà, si nou-ne nous trompons, l'unanimité la plus grande qu'on puisse dés sirer, et c'est l'unanimité d'une république.

SÉNAT.

Adresse au président Washington en réponse au discours d'ouverture de la session, présentée le 22 novembre 1794.

« Monsieur,

» Nous avons vu avec inquiétude l'audacieuse résistance aux lois, qui s'est manifestée dans les comtés occidentaux de la Pensylvanie : cette inquiétude a encore été augmentée par les manœuvres de certaines sociétés illégales, relativement aux lois et à l'administration du gouvernement. Ces menées nous paraissent basées sur une erreur politique dont la tendance naturelle ou concertée, est de désorganiser notre gouvernement et dans la crise même qui vient d'éclater, elles n'ont pas peu contribué à entraîner nos concitoyens à l'insurrection en leur inspirant l'espoir trompeur de la voir soutenue.

» Les mesures de persuasion et de douceur que vous avez adoptées dans une conjoncture aussi importante et aussi délicate, méritent et obtiennent de notre part une vive approbation. Les moyens de rigueur auxquels l'inefficacité de ces préliminaires vous ont forcé de recourir, nous fournissent l'occasion de témoigner la satisfaction profonde avec laquelle nous avons vu le patriotisme éclairé et le zèle ardent qu'ont manifestés les citoyens des comtés occidentaux, en se ralliant au drapeau du gouvernement pour terrasser l'anarchie et l'insurrection.

» Nous devons, monsieur, de sincères remercîmens à la sagesse et à la résolution avec lesquels vous avez armé les milices

pour faire exécuter la volonté nationale : nous devons ce mêm
tribut à l'empressement et au zèle avec lesquels celles-ci ont obéi
à vos réquisitoires.

» Nous sommes prêts à concourir aux mesures qui pourraient
être encore nécessaires pour garantir la paix intérieure et la sou-
mission aux lois.

» Le président du sénat, JOHN ADAMS (1).

Le président a répondu :

« Messieurs les sénateurs,

» De toutes les occasions que j'ai eues de témoigner ma sen-
sibilité à la coopération énergique et zélée du sénat avec moi,
pour le soutien du gouvernement, aucune encore n'a autant im-
pérativement exigé, que la présente, le faible tribut de ma re-
connaissance.

» Après la conscience de la pureté de ses intentions, rien n'é-
gale le bonheur d'être soutenu par les représentans d'une nation
éclairée. C'est donc avec la pleine satisfaction qu'inspire un attachement inaltérable à la paix publique, que je reçois la désap-
probation du sénat aux manœuvres qui tendent à s'emparer de la
direction de nos affaires, sans le moindre degré d'autorité éma-
née de la nation.

« Après m'être vu forcé de dépouiller ma répugnance à recourir aux armes, il m'est bien doux de voir ma conduite ap-
prouvée par le jugement que vous énoncez, de la nécessité de
mesures décisives. Ce plaisir n'est égalé que par celui que j'ai
ressenti, de la coopération active de mes concitoyens des milices, qui ont été les instrumens patriotiques de cette fâcheuse
nécessité.

» Avec une pareille unanimité de voix en faveur de la constitution : avec une bonne organisation de milices, la construc-
tion des fortifications nécessaires, la continuation des mesures
prudentes et énergiques qui ont assuré la victoire à notre armée
de l'Ouest ; en donnant au crédit public l'attention qu'il mérite,
en veillant à ce que notre honneur demeure toujours pur dan;
nos relations extérieures, nous pouvons avec certitude de succès
brvaer nos ennemis du dedans et du dehors.   G. WASHINGTON.

---

(1) Depuis président des Etats-Unis.

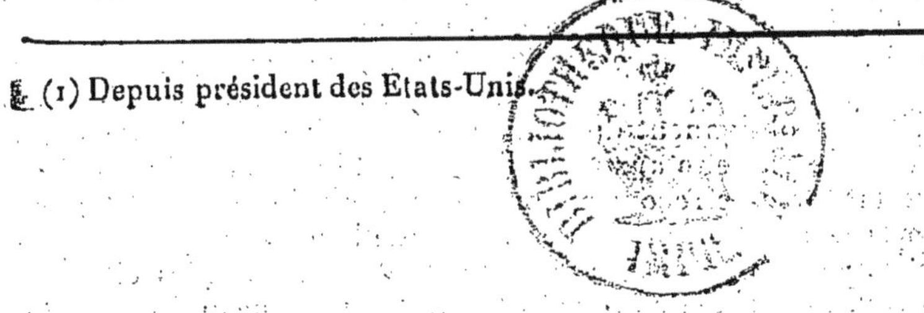

IMPRIMERIE DE A. BELIN, 55, RUE SAINTE-ANNE.

9 782019 191108